AF177609

IN GOETHES GARTEN

Gedichte

Jan Thorbecke Verlag

INHALT

Ein BLUMEN-
glöckchen

Ein Blumenglöckchen
Vom Boden hervor
War früh gesprosset
In lieblichem Flor;
Da kam ein Bienchen
Und naschte fein –
Die müssen wohl beide
Für einander sein.

MÄRZ

Es ist ein Schnee gefallen,
Denn es ist noch nicht Zeit,
Dass von den Blümlein allen,
Dass von den Blümlein allen
Wir werden hoch erfreut.

Der Sonnenblick betrüget
Mit mildem, falschem Schein,
Die Schwalbe selber lüget,
Die Schwalbe selber lüget,
Warum? Sie kommt allein!

Sollt ich mich einzeln freuen,
Wenn auch der Frühling nah?
Doch kommen wir zu zweien,
Doch kommen wir zu zweien,
Gleich ist der Sommer da.

BLUMENGRUß

Der Strauß, den ich gepflücket,
Grüße dich vieltausendmal!
Ich habe mich oft gebücket,
Ach, wohl eintausendmal,
Und ihn ans Herz gedrücket
Wie hunderttausendmal!

GEGENWART

Alles kündet dich an!
Erscheinet die herrliche Sonne,
Folgst du, so hoff ich es, bald.

Trittst du im Garten hervor,
So bist du die Rose der Rosen,
Lilie der Lilien zugleich.

Wenn du zum Tanze dich regst,
So regen sich alle Gestirne
Mit dir und um dich umher.

Nacht! und so wär es denn Nacht!
Nun überscheinst du des Mondes
lieblichen, ladenden Glanz.

Ladend und lieblich bist Du,
Und Blumen, Mond und Gestirne
huldigen, Sonne, nur Dir.

Sonne! so sei du auch mir
Die Schöpferin herrlicher Tage;
Leben und Ewigkeit ist's.

FRÜHLING
übers Jahr

Das Beet, schon lockert
Sich's in die Höh,
Da wanken Glöckchen
So weiß wie Schnee;
Safran entfaltet
Gewalt'ge Glut,
Smaragden keimt es
Und keimt wie Blut.

Primeln stolzieren
So naseweis,
Schalkhafte Veilchen,
Versteckt mit Fleiß;
Was auch noch alles
Da regt und webt,
Genug, der Frühling,
Er wirkt und lebt.

Doch was im Garten
Am reichsten blüht,
Das ist des Liebchens
Lieblich Gemüt.
Da glühen Blicke
Mir immerfort,
Erregend Liedchen,
Erheiternd Wort,

Ein immer offen,
Ein Blütenherz,
Im Ernste freundlich
Und rein im Scherz.
Wenn Ros und Lilie
Der Sommer bringt,
Er doch vergebens
Mit Liebchen ringt.

Sag ich's euch,
GELIEBTE BÄUME

Sag ich's euch, geliebte Bäume?
Die ich ahndevoll gepflanzt,
Als die wunderbarsten Träume
Morgenrötlich mich umtanzt.
Ach, ihr wisst es, wie ich liebe,
Die so schön mich wiederliebt,
Die den reinsten meiner Triebe
Mir noch reiner wiedergibt.

Wachset wie aus meinem Herzen,
Treibet in die Luft hinein,
Denn ich grub viel Freud' und Schmerzen
Unter eure Wurzeln ein.
Bringet Schatten, traget Früchte,
Neue Freude jeden Tag;
Nur dass ich sie dichte, dichte,
Dicht bei ihr genießen mag!

In der
BAUMSCHULE

Es ist alles vortrefflich gewachsen; die Wildnisse, die Sie angelegt haben, scheinen natürlich zu sein; sie bezaubern jeden, der sie zum ersten Mal sieht, und auch mir geben sie noch immer in einer stillen Stunde einen angenehmen Aufenthalt. Doch muss ich gestehen, dass ich in der Baumschule unter den fruchtbaren Bäumen lieber bin. Der Gedanke des Nutzens führt mich aus mir selbst heraus und gibt mir eine Fröhlichkeit, die ich sonst nicht empfinde. Ich kann säen, pfropfen, okulieren; und wenngleich mein Auge keine malerische Wirkung empfindet, so ist mir doch der Gedanke von Früchten höchst reizend, die einmal und wohl bald jemanden erquicken werden.

Frühzeitiger FRÜHLING

Tage der Wonne,
Kommt ihr so bald?
Schenkt mir die Sonne,
Hügel und Wald?

Reichlicher fließen
Bächlein zumal.
Sind es die Wiesen?
Ist es das Tal?

Blauliche Frische!
Himmel und Höh!
Goldene Fische
Wimmeln im See.

Buntes Gefieder
Rauschet im Hain;
Himmlische Lieder
Schallen darein.

Unter des Grünen
Blühender Kraft
Naschen die Bienen
Summend am Saft.

Leise Bewegung
Bebt in der Luft,
Reizende Regung,
Schläfernder Duft.

Mächtiger rühret
Bald sich ein Hauch,
Doch er verlieret
Gleich sich im Strauch.

Aber zum Busen
Kehrt er zurück.
Helfet, ihr Musen,
Tragen das Glück!

Saget, seit gestern
Wie mir geschah?
Liebliche Schwestern,
Liebchen ist da!

Immer und ÜBERALL

Dringe tief zu Berges Grüften,
Wolken folge hoch in Lüften;
Muse ruft zu Bach und Tale
Tausend, abertausendmale.

Sobald ein frisches Kelchlein blüht,
Es fordert neue Lieder;
Und wenn die Zeit verrauschend flieht,
Jahreszeiten kommen wieder.

Früh, wenn Tal, Gebirg
UND GARTEN ...

Früh, wenn Tal, Gebirg und Garten
Nebelschleiern sich enthüllen,
Und dem sehnlichsten Erwarten
Blumenkelche bunt sich füllen;

Wenn der Äther, Wolken tragend,
Mit dem klaren Tage streitet,
Und ein Ostwind, sie verjagend,
Blaue Sonnenbahn bereitet,

Dankst du dann, am Blick dich weidend,
Reiner Brust der Großen, Holden,
Wird die Sonne, rötlich scheidend,
Rings den Horizont vergolden.

Im Gegenwärtigen
VERGANGNES

Ros' und Lilie morgentaulich
Blüht im Garten meiner Nähe;
Hinten an, bebuscht und traulich,
Steigt der Felsen in die Höhe;
Und mit hohem Wald umzogen
Und mit Ritterschloss gekrönet,
Lenkt sich hin des Gipfels Bogen,
Bis er sich dem Tal versöhnet.

Und da duftet's wie vor alters,
Da wir noch von Liebe litten
Und die Saiten meines Psalters
Mit dem Morgenstrahl sich stritten;
Wo das Jagdlied aus den Büschen
Fülle runden Tons enthauchte,
Anzufeuern, zu erfrischen,
Wie's der Busen wollt und brauchte.

Nun die Wälder ewig sprossen,
So ermutigt euch mit diesen,
Was ihr sonst für euch genossen.
Lässt in andern sich genießen.
Niemand wird uns dann beschreien,
Dass wir's uns alleine gönnen;
Nun in allen Lebensreihen
Müsset ihr genießen können. ...

DER MUSENSOHN

Durch Feld und Wald zu schweifen,
Mein Liedchen wegzupfeifen,
So geht's von Ort zu Ort!
Und nach dem Takte reget
Und nach dem Maß beweget
Sich alles an mir fort.

Ich kann sie kaum erwarten,
Die erste Blum im Garten,
Die erste Blüt am Baum.
Sie grüßen meine Lieder,
Und kommt der Winter wieder,
Sing ich noch jenen Traum.

Ich sing ihn in der Weite,
Auf Eises Läng und Breite,
Da blüht der Winter schön!
Auch diese Blüte schwindet,
Und neue Freude findet
Sich auf bebauten Höhn.

Denn wie ich bei der Linde
Das junge Völkchen finde,
Sogleich erreg ich sie.
Der stumpfe Bursche bläht sich,
Das steife Mädchen dreht sich
Nach meiner Melodie.

Ihr gebt den Sohlen Flügel
Und treibt durch Tal und Hügel
Den Liebling weit von Haus.
Ihr lieben, holden Musen,
Wann ruh ich ihr am Busen
Auch endlich wieder aus?

Blumen–
KALEIDOSKOP

Ich hatte die Gabe, wenn ich die Augen schloss und mit niedergesenktem Haupte mir in der Mitte des Sehorgans eine Blume dachte, so verharrte sie nicht einen Augenblick in ihrer ersten Gestalt, sondern sie legte sich auseinander, und aus ihrem Innern entfalteten sich wieder neue Blumen aus farbigen, auch wohl grünen Blättern; es waren keine natürlichen Blumen, sondern phantastische, jedoch regelmäßig wie die Rosetten der Bildhauer. Es war unmöglich, die hervorquellende Schöpfung zu fixieren, hingegen dauerte sie so lange, als mir beliebte, ermattete nicht und verstärkte sich nicht. Dasselbe könnt' ich hervorbringen, wenn ich mir den Zierat einer bunt gemalten Scheibe dachte, welcher denn ebenfalls aus der Mitte gegen die Peripherie sich immerfort veränderte, völlig wie die in unsern Tagen erst erfundenen Kaleidoskope.

Ein Strauß
VON BLÜTEN

Jeder Baum, jede Hecke ist ein Strauß von Blüten, und
man möchte zum Maikäfer werden, um in dem Meer von
Wohlgerüchen herumschweben und all seine Nahrung
darin finden zu können.

Es wird mit
GEWALT GRÜN

Es wird mit Gewalt grün, und des armen Menschen
Freude, wenn wieder einmal etwas jung wird, ist gar groß,
weil er doch selber immer altert.

Frühlings- HERRLICHKEIT

Wollte man die Herrlichkeit des Frühlings und seiner Blüten nach dem wenigen Obst berechnen, das zuletzt noch von den Bäumen genommen wird, so würde man eine sehr unvollkommene Vorstellung jener lieblichen Jahreszeit haben.

Ginkgo
BILOBA

Dieses Baums Blatt, der von Osten
Meinem Garten anvertraut,
Gibt geheimen Sinn zu kosten,
Wie's den Wissenden erbaut.

Ist es ein lebendig Wesen,
Das sich in sich selbst getrennt?
Sind es zwei, die sich erlesen,
Dass man sie als eines kennt?

Solche Frage zu erwidern,
Fand ich wohl den rechten Sinn;
Fühlst du nicht an meinen Liedern,
Dass ich eins und doppelt bin?

An vollen
BÜSCHELZWEIGEN

An vollen Büschelzweigen,
Geliebte, sieh nur hin!
Lass dir die Früchte zeigen,
Umschalet stachlig grün.

Sie hängen längst geballet,
Still, unbekannt mit sich,
Ein Ast, der schaukelnd wallet,
Wiegt sie geduldiglich.

Doch immer reift von innen
Und schwillt der braune Kern,
Er möchte Luft gewinnen
Und säh die Sonne gern.

Die Schale platzt, und nieder
Macht er sich freudig los;
So fallen meine Lieder
Gehäuft in deinen Schoß.

Verpflanze den
SCHÖNEN BAUM

Verpflanze den schönen Baum,
Gärtner, er jammert mich.
Glücklicheres Erdreich
Verdiente der Stamm.

Noch hat seiner Natur Kraft
Der Erde aussaugendem Geize,
Der Luft verderbender Fäulnis,
Ein Gegengift, widerstanden.

Sieh, wie er im Frühling
Lichtgrüne Blätter schlägt!
Ihr Orangenduft
Ist dem Geschmeiße Gift.

Der Raupen tückischer Zahn
Wird stumpf an ihnen,
Es blinkt ihr Silberglanz
Im Sonnenscheine.

Von seinen Zweigen
Wünscht das Mädchen
Im Brautkranze,
Früchte hoffen Jünglinge.

Aber sieh, der Herbst kömmt,
Da geht die Raupe,
Klagt der listigen Spinne
Des Baums Unverwelklichkeit.

Schwebend zieht sich
Von ihrer Taxuswohnung
Die Prachtfeindin herüber
Zum wohltätigen Baum.

Und kann nicht schaden.
Aber die Vielkünstliche
Überzieht mit grauem Ekel
Die Silberblätter,

Sieht triumphierend,
Wie das Mädchen schaurend,
Der Jüngling jammernd
Vorübergeht.

Eichen und BIRKEN

Und gewiss! Wer sein Leben lang von hohen ernsten Eichen umgeben wäre, müsste ein anderer Mensch werden, als wer täglich unter luftigen Birken sich erginge.

O, wie achtet' ich sonst
AUF ALLE ZEITEN
DES JAHRES

O, wie achtet' ich sonst auf alle Zeiten des Jahres;
Grüßte den kommenden Lenz,
    sehnte dem Herbste mich nach!
Aber nun ist nicht Sommer noch Winter, seit mich Beglückte
Amors Fittich bedeckt, ewiger Frühling umschwebt.

Immer war mir das Feld
UND DER WALD ...

Immer war mir das Feld und der Wald,
   und der Fels und die Gärten
Nur ein Raum, und du machst sie, Geliebte, zum Ort.

GEFUNDEN

Ich ging im Walde
So für mich hin,
Und nichts zu suchen,
Das war mein Sinn.

Im Schatten sah ich
Ein Blümchen stehn,
Wie Sterne leuchtend,
Wie Äuglein schön.

Ich wollt es brechen,
Da sagt' es fein:
„Soll ich zum Welken
Gebrochen sein?"

Ich grub's mit allen
Den Würzlein aus,
Zum Garten trug ich's
Am hübschen Haus.

Und pflanzt es wieder
Am stillen Ort;
Nun zweigt es immer
Und blüht so fort.

Kleine Blumen,
KLEINE BLÄTTER

Kleine Blumen, kleine Blätter
Streuen mir mit leichter Hand
Gute junge Frühlingsgötter
Tändelnd auf ein luftig Band.

Zephyr, nimm's auf deine Flügel,
Schling's um meiner Liebsten Kleid!
Und so tritt sie vor den Spiegel
Mit zufriedner Munterkeit.

Sieht mit Rosen sich umgeben,
Sie wie eine Rose jung.
Einen Kuss, geliebtes Leben,
Und ich bin belohnt genug.

Schicksal, segne diese Triebe,
Lass mich ihr und lass sie mein,
Lass das Leben unsrer Liebe
Doch kein Rosen-Leben sein!

Mädchen, das wie ich empfindet,
Reich mir deine liebe Hand!
Und das Band, das uns verbindet,
Sei kein schwaches Rosen-Band!

Wärt ihr,
SCHWÄRMER ...

Wärt ihr, Schwärmer, imstande, die Ideale zu fassen,
O! so verehrtet ihr auch, wie sich's gebührt, die Natur.

War schöner als
DER SCHÖNSTE TAG

War schöner als der schönste Tag,
Drum muss man mir verzeihen,
Dass ich sie nicht vergessen mag,
Am wenigsten im Freien.
Im Garten war's, sie kam heran,
Mir ihre Gunst zu zeigen;
Das fühl ich noch und denke dran
Und bleib ihr ganz zu eigen.

Nachtigall und KUCKUCK

Komm gleich nach dem Sonnenuntergange,
Sieh das Abendgrün des Rasengrunds;
Ist es nicht, als hätten wir es lange
Angesammelt und erspart in uns,

Um es jetzt aus Fühlen und Erinnern,
Neuer Hoffnung, halbvergessnem Freun,
Noch vermischt mit Dunkel aus dem Innern,
In Gedanken vor uns hinzustreun

Unter Bäume wie von Dürer, die
Das Gewicht von hundert Arbeitstagen
In den überfüllten Früchten tragen,
Dienend, voll Geduld, versuchend, wie

Das, was alle Maße übersteigt,
Noch zu heben ist und hinzugeben,
Wenn man willig, durch ein langes Leben
Nur das Eine will und wächst und schweigt.

Der Kuckuck wie
DIE NACHTIGALL

Der Kuckuck wie die Nachtigall,
Sie möchten den Frühling fesseln,
Doch drängt der Sommer schon überall
Mit Disteln und mit Nesseln.
Auch mir hat er das leichte Laub
An jenem Baum verdichtet.
Durch das ich sonst zu schönstem Raub
Den Liebesblick gerichtet.
Verdeckt ist mir das bunte Dach,
Die Gitter und die Pfosten;
Wohin mein Auge spähend brach,
Dort ewig bleibt mein Osten.

Ein zärtlich jugendlicher
KUMMER

Ein zärtlich jugendlicher Kummer
Führt mich ins öde Feld; es liegt
In einem stillen Morgenschlummer
Die Mutter Erde. Rauschend wiegt
Ein kalter Wind die starren Äste. Schauernd
Tönt er die Melodie zu meinem Lied voll Schmerz,
Und die Natur ist ängstlich still und trauernd,
Doch hoffnungsvoller als mein Herz.

Denn sieh, bald gaukelt dir, mit Rosenkränzen
In runder Hand, du Sonnengott, das Zwillingspaar
Mit offnem blauen Aug, mit krausem goldnen Haar
In deiner Laufbahn dir entgegen. Und zu Tänzen
Auf neuen Wiesen schickt
Der Jüngling sich und schmückt
Den Hut mit Bändern, und das Mädchen pflückt
Die Veilchen aus dem jungen Gras, und bückend sieht
Sie heimlich nach dem Busen, sieht mit Seelenfreude
Entfalteter und reizender ihn heute,
Als er vorm Jahr am Maienfest geblüht,
Und fühlt und hofft.

Gott segne mir den Mann
In seinem Garten dort! Wie zeitig fängt er an,
Ein lockres Bett dem Samen zu bereiten!
Kaum riss der März das Schneegewand
Dem Winter von den hagern Seiten,
Der stürmend floh und hinter sich aufs Land
Den Nebelschleier warf, der Fluss und Au
Und Berg in kaltes Grau
Versteckt, da geht er ohne Säumen,
Die Seele voll von Ernteträumen,
Und sät und hofft.

Ziehn die Schafe
VON DER WIESE

Ziehn die Schafe von der Wiese,
Liegt sie da, ein reines Grün,
Aber bald zum Paradiese
Wird sie bunt geblümt erblühn.

Hoffnung breitet lichte Schleier
Nebelhaft vor unsern Blick:
Wunscherfüllung, Sonnenfeier,
Wolkenteilung bring uns Glück.

LÖWENZAHN

Wenn man die Stiele des Löwenzahns an einem Ende
aufschlitzt, die beiden Seiten des hohlen Röhrchens
sachte voneinander trennt, so rollt sich jede in sich nach
außen und hängt im Gefolge dessen als eine gewundene
Locke spiralförmig gewunden herab, woran sich die
Kinder ergötzen und wir dem tiefsten Naturgeheimnis
nähertreten.

Freilich, wenn
DAS FRÜHJAHR
EINTRITT ...

Freilich, wenn das Frühjahr eintritt, Märzenglöckchen und Krokus hervorbrechen, so begreift man kaum, wie man in dem Schnee- und Eiskerker fortexistieren konnte.

DER GÄRTNER

So wenig der Gärtner sich durch andere Liebhabereien und Neigungen zerstreuen darf, so wenig darf der ruhige Gang unterbrochen werden, den die Pflanze zur dauernden oder zur vorübergehenden Vollendung nimmt.

Die Pflanze gleicht den eigensinnigen Menschen, von denen man alles erhalten kann, wenn man sie nach ihrer Art behandelt.

Ein ruhiger Blick, eine stille Konsequenz, in jeder Jahreszeit, in jeder Stunde das ganz Gehörige zu tun, wird vielleicht von niemand mehr als vom Gärtner verlangt.

Das
WIEDERSEHN

Er:

Süße Freundin, noch einen, nur einen Kuss noch gewähre
Diesen Lippen! Warum bist du heute so karg?
Gestern blühte wie heute der Baum, wir wechselten Küsse
Tausendfältig; dem Schwarm Bienen verglichst du sie ja,
Wie sie den Blüten sich nahn und saugen, schweben und
   wieder
Saugen, und lieblicher Ton süßen Genusses erschallt.
Alle noch üben das holde Geschäft. Und wäre der Frühling
Uns vorübergeflohn, eh sich die Blüte zerstreut?

Sie:

Träume, lieblicher Freund, nur immer! rede von gestern!
Gerne hör ich dich an, drücke dich redlich ans Herz.
Gestern, sagst du? – Es war, ich weiß, ein köstliches
    Gestern;
Worte verklangen im Wort, Küsse verdrängten den Kuss.
Schmerzlich war's, zu scheiden am Abende, traurig die lange
Nacht von gestern auf heut, die den Getrennten gebot.
Doch der Morgen kehret zurück. Ach! dass mir indessen
Zehnmal, leider! der Baum Blüten und Früchte gebracht!

Heute Nacht hat es SEHR GEREGNET

Heute Nacht hat es sehr geregnet, jetzt scheint die Sonne wieder, und vor meinem Fenster ist ein Paradies.
Der Mandelbaum ist ganz grün, die Pfirsichblüten fangen schon an abzufallen, und die Zitronenblüten brechen auf dem Gipfel des Baumes auf.

Jüngst pflückt ich einen
WIESENSTRAUSS

Jüngst pflückt ich einen Wiesenstrauß,
Trug ihn gedankenvoll nach Haus;
Da hatten, von der warmen Hand,
Die Kronen sich alle zur Erde gewandt.
Ich setzte sie in frisches Glas,
Und welch ein Wunder war mir das!
Die Köpfchen hoben sich empor,
Die Blätterstängel im grünen Flor,
Und allzusammen so gesund,
Als ständen sie noch auf Muttergrund.

So war mir's als ich wundersam
Mein Lied in fremder Sprache vernahm.

MAILIED

Wie herrlich leuchtet
Mir die Natur!
Wie glänzt die Sonne!
Wie lacht die Flur!

Es dringen Blüten
Aus jedem Zweig
Und tausend Stimmen
Aus dem Gesträuch.

Und Freud und Wonne
Aus jeder Brust.
O Erd, o Sonne!
O Glück, o Lust!

O Lieb, o Liebe!
So golden schön,
Wie Morgenwolken
Auf jenen Höhn!

Du segnest herrlich
Das frische Feld,
Im Blütendampfe
Die volle Welt.

O Mädchen, Mädchen,
Wie lieb ich dich!
Wie blickt dein Auge!
Wie liebst du mich!

So liebt die Lerche
Gesang und Luft,
Und Morgenblumen
Den Himmelsduft,

Wie ich dich liebe
Mit warmem Blut,
Die du mir Jugend
Und Freud und Mut

Zu neuen Liedern
Und Tänzen gibst.
Sei ewig glücklich,
Wie du mich liebst!

Weiß wie Lilien,
REINE KERZEN

Weiß wie Lilien, reine Kerzen,
Sternen gleich, bescheidner Beugung,
Leuchtet aus dem Mittelherzen
Rot gesäumt die Glut der Neigung.

So frühzeitige Narzissen
Blühen reihenweis im Garten.
Mögen wohl die guten wissen,
Wen sie so spaliert erwarten.

Mit einer
HYAZINTHE

Aus dem Zaubertal dortnieden,
Das der Regen still umtrübt,
Aus dem Taumel der Gewässer
Sendet Blume, Gruß und Frieden,
Der dich immer treu und besser,
Als du glauben magst, geliebt.
Diese Blume, die ich pflücke,
Neben mir vom Tau genährt,
Lässt die Mutter still zurücke,
Die sich in sich selbst vermehrt.
Lang entblättert und verborgen,
Mit den Kindern an der Brust,
Wird am neuen Frühlingsmorgen
Vielfach sie des Gärtners Lust.

Als Allerschönste bist du
ANERKANNT

Als Allerschönste bist du anerkannt,
Bist Königin des Blumenreichs genannt;
Unwidersprechlich allgemeines Zeugnis,
Streitsucht verbannend, wundersam Ereignis!
Du bist es also, bist kein bloßer Schein,
In dir trifft Schaun und Glauben überein;
Doch Forschung strebt und ringt, ermüdend nie,
Nach dem Gesetz, dem Grund, *Warum* und *Wie*.

Nun weiß man erst, was
ROSENKNOSPE SEI

Nun weiß man erst, was Rosenknospe sei,
Jetzt, da die Rosenzeit vorbei;
Ein Spätling noch am Stocke glänzt
Und ganz allein die Blumenwelt ergänzt.

Die vollkommenste
BLUME

Ich bin ein Freund der Pflanze, ich liebe die Rose als das Vollkommenste, was unsere deutsche Natur als Blume gewähren kann; aber ich bin nicht Tor genug, um zu verlangen, dass mein Garten sie mir schon jetzt, Ende April, gewähren soll. Ich bin zufrieden, wenn ich jetzt die ersten grünen Blätter finde, zufrieden, wenn ich sehe, wie ein Blatt nach dem andern den Stängel von Woche zu Woche weiter bildet; ich freue mich, wenn ich im Mai die Knospe sehe, und bin glücklich, wenn endlich der Juni mir die Rose selbst in aller Pracht und in allem Duft entgegenreicht. Kann aber jemand die Zeit nicht erwarten, der wende sich an die Treibhäuser.

DIE NACHTIGALL

Die Nachtigall, sie war entfernt,
Der Frühling lockt sie wieder;
Was Neues hat sie nicht gelernt,
Singt alte liebe Lieder.

Meine GÖTTIN

Welcher Unsterblichen
Soll der höchste Preis sein?
Mit niemand streit ich,
Aber ich geb ihn
Der ewig beweglichen,
Immer neuen,
Seltsamen Tochter Jovis,
Seinem Schoßkinde,
Der Phantasie.

Denn ihr hat er
Alle Launen,
Die er sonst nur allein
Sich vorbehält,
Zugestanden
Und hat seine Freude
An der Törin.

Sie mag rosenbekränzt
Mit dem Lilienstängel
Blumentäler betreten,
Sommervögeln gebieten
Und leichtnährenden Tau
Mit Bienenlippen
Von Blüten saugen;

Oder sie mag
Mit fliegendem Haar
Und düsterm Blicke
Im Winde sausen
Um Felsenwände,
Und tausendfarbig,
Wie Morgen und Abend,
Immer wechselnd
Wie Mondesblicke,
Den Sterblichen scheinen.

Lasst uns alle
Den Vater preisen!
Den alten, hohen,
Der solch eine schöne,
Unverwelkliche Gattin
Dem sterblichen Menschen
Gesellen mögen! …

Dauer im
WECHSEL

Hielte diesen frühen Segen,
Ach, nur *eine* Stunde fest!
Aber vollen Blütenregen
Schüttelt schon der laue West.
Soll ich mich des Grünen freuen,
Dem ich Schatten erst verdankt?
Bald wird Sturm auch das zerstreuen,
Wenn es falb im Herbst geschwankt.

Willst du nach den Früchten greifen,
Eilig nimm dein Teil davon!
Diese fangen an zu reifen,
Und die andern keimen schon;
Gleich mit jedem Regengusse
Ändert sich dein holdes Tal,
Ach, und in demselben Flusse
Schwimmst du nicht zum zweitenmal. ...

UNVERMEIDLICH

Wer kann gebieten den Vögeln
Still zu sein auf der Flur?
Und wer verbieten zu zappeln
Den Schafen unter der Schur?

Stell' ich mich wohl ungebärdig
Wenn mir die Wolle kraust?
Nein! Die Ungebärden entzwingt mir
Der Scherer, der mich zerzaust.

Wer will mir wehren zu singen
Nach Lust zum Himmel hinan?
Den Wolken zu vertrauen
Wie lieb sie mir's angetan.

HOFFNUNG

Schaff, das Tagwerk meiner Hände,
Hohes Glück, dass ich's vollende!
Lass, o lass mich nicht ermatten!
Nein, es sind nicht leere Träume:
Jetzt nur Stangen, diese Bäume
Geben einst noch Frucht und Schatten.

Früchte des
GARTENS

Der Gartenliebhaber pflegt von den Früchten seines kleinen Bezirks, die er mit Sorgfalt gewartet, wenn sie reif werden, seinen Freunden gewöhnlich einen Teil zu übersenden, nicht eben weil er sie für köstlich hält, sondern weil er anzeigen möchte, dass er die ganze Zeit über, da er sich mit ihnen beschäftigte, im stillen an diejenigen gedacht habe, die ihm wert sind.

VERLAGSGRUPPE PATMOS

PATMOS
ESCHBACH
GRUNEWALD
THORBECKE
SCHWABEN
VER SACRUM

Die Verlagsgruppe
mit Sinn für das Leben

Die Verlagsgruppe Patmos ist
sich ihrer Verantwortung
gegenüber unserer Umwelt
bewusst. Wir folgen dem Prinzip
der Nachhaltigkeit und streben
den Einklang von wirtschaft-
licher Entwicklung, sozialer
Sicherheit und Erhaltung unserer
natürlichen Lebensgrundlagen
an. Näheres zur Nachhaltigkeits-
strategie der Verlagsgruppe
Patmos auf unserer Website
www.verlagsgruppe-patmos.de/
nachhaltig-gut-leben
Übereinstimmend mit der
EU-Verordnung zur allgemeinen
Produktsicherheit (GPSR) stellen
wir sicher, dass unsere Produkte
die Sicherheitsstandards
erfüllen. Näheres dazu auf
unserer Website www.verlags-
gruppe-patmos.de/produkt-
sicherheit. Bei Fragen zur
Produktsicherheit wenden Sie
sich bitte an produktsicherheit@
verlagsgruppe-patmos.de

MIX
Papier | Fördert
gute Waldnutzung
FSC® C014138

2. Auflage 2025
Alle Rechte vorbehalten
© 2024 Jan Thorbecke Verlag
Verlagsgruppe Patmos in der
Schwabenverlag AG, Ostfildern
www.thorbecke.de

Gestaltung: Finken & Bumiller,
Stuttgart
Abbildungen: Württembergische
Landesbibliothek, Stuttgart
Druck: Finidr s.r.o., Český Těšín
Hergestellt in Tschechien
ISBN 978-3-7995-2038-6